THÈSE

POUR LA LICENCE.

FACULTÉ DE DROIT DE TOULOUSE.

THÈSE

POUR LA LICENCE,

EN EXÉCUTION DE L'ARTICLE IV, TITRE II, DE LA LOI DU XXII VENTOSE AN XII,

SOUTENUE

Par M. VIALARS (Pierre),

Né à Laguepie (Tarn-et-Garonne).

TOULOUSE,

IMPRIMERIE DE LAMARQUE ET RIVES,

Rue Tripière, 9.

1859

Bien qu'un étudiant ne soit jamais appelé qu'à traiter une faible parcelle de la science où il veut prendre des grades, il doit néanmoins initier le lecteur à toute l'étendue de son sujet. Or, un tel résultat implique nécessairement la détermination spéciale de l'objet de sa matière, avec la place qu'il occupe dans la hiérarchie des idées; et puis, enfin, une définition qui en fasse connaître la portée avec l'application qu'elle reçoit dans le cours de la pratique des choses humaines.

Le Droit étant un pur être de raison, il est bien difficile de rencontrer une définition qui soit puisée dans sa racine, qui revèle tous les caractères et enveloppe tous les divers points de vue dont il est susceptible : tant il est abstrait dans son principe et multiple par ses ramifications.

Cependant, après une mûre réflexion, il m'a semblé qu'on pourrait peut-être s'arrêter à la définition que voici : Le *Droit*, considéré dans son bel idéal, est cette vue intellectuelle nous présentant la totalité des hommes vivant en socité dans une parfaite harmonie, et se complétant dans leurs besoins les uns les autres par un échange réciproque de fonctions et de services.

Si maintenant on descend de ce bel idéal, qui est au moins surhumain, pour l'envisager comme science, on peut dire que le droit est la théorie des principes de l'ordre social, laquelle comprend tout ce qui y contribue, qui en maintient et en garantit l'existence.

Mais dans cette théorie, il est un principe générateur qui en domine tous les éléments, qui, dans ce labyrinthe des choses d'ici-bas, sert de fil conducteur pour la solution de ce grand problème, dont l'effet est l'établissement de l'ordre social. On devine déjà que je veux parler de la consécration du droit de propriété, droit fondamental d'où découle et vers lequel gravite toute conception de stabilité sociale.

En effet, dans son court pélerinage sur cette terre, l'homme puise au-dehors et surtout au-dedans de lui-même, la conviction que cette vie fugitive n'est que le prélude d'une autre vie qui sera indépendante de la supputation des temps, puisqu'elle sera sans fin, et dès-lors, au-delà de tout calcul; car, il est tout à la fois, et trop grand pour rentrer dans le néant d'où il est sorti, et trop petit pour s'élever de lui-même à la fin sublime pour laquelle il est né. De là, pour lui la nécessité de la religion qui, d'un côté, lui montre son infinie bassesse, et qui, de l'autre, lui fournit les moyens d'atteindre son heureuse destinée.

Placé entre ces extrêmes, l'homme sent donc le besoin de se faire un gîte qui soit à l'abri de tout litige et où il puisse méditer librement et paisiblement sur son immortalité! D'ailleurs, Dieu lui-même a dit : J'ai livré la terre à la dispute des hommes ; c'est-à-dire toujours magnifique dans mes libéralités, je récompenserai l'homme ici-bas, de son activité et de sa prévoyance en le rendant roi d'une portion de la terre qui lui sert de marche-pied ; et cette récompense, premier fruit de la vertu, sera l'avant-goût de sa récompense éternelle, couronnement de toutes les autres.

Le droit de propriété est donc dans l'ordre temporel le premier et le plus élevé de tous les titres, puisqu'il confère une sorte de royauté à celui qui en jouit. Il faut encore ajouter qu'il est inhérent à nous-mêmes, vu qu'il n'est que la garantie de la satisfaction de nos besoins les plus originels et entièrement indispensables.

En effet, tout ce qui existe dans la nature se décompose en deux sortes d'êtres, les uns animés, les autres inanimés ; telle est radicalement la loi distinctive des êtres. L'homme, être essentiellement animé puisqu'il est doué d'une âme raisonnable qui n'est autre chose que la vie par excellence, traîne de plus avec lui un corps soumis à toutes les exigences terrestres. Et comme il a le sentiment de ses besoins actuels, et que par l'effet de la puissance de son âme, il a, en outre, l'intelligence de ses besoins futurs, il veut et il doit même en assurer la satisfaction dans la mesure légitime de ses moyens.

Aussi voyons-nous, sous la domination de cette pensée, l'homme

s'évertuer pour s'agrandir, s'étendre et pour identifier avec lui-même
tout ce que réclame et pourra réclamer l'empire de ses besoins absolus.
Du reste, sa propre expérience peut-être, comme celle des autres,
lui aura souvent prouvé que l'homme qui n'est attaché à aucun pays
par un lien d'intérêt particulier est toujours flottant, et court le risque
de se laisser emporter aux divers souffles des différents vents de doc-
trine qui se croisent, parce qu'il manque d'une des conditions de
son existence qui est la stabilité. Dès-lors, il est inquiet et agité. Or,
l'inquiétude, fruit de l'incertitude, est pour lui un état contre nature,
puisque l'incertitude produit l'abattement, et que l'homme abattu et
découragé, ne voit partout que revers et malheur, et reste indécis ;
et l'indécision est ce qu'il y a de pire dans les choses humaines.

La propriété, au point de vue temporel est donc comme une exten-
sion de notre individualité, et elle forme, en quelque sorte, un contrat entre nous-mêmes et l'objet dont nous sommes propriétaires.
Elle centralise ainsi notre activité par l'attachement qu'elle nous
inspire; elle éclaircit et fixe notre avenir, et ne laisse aux évé-
nements que la part d'accidents sur lesquels notre volonté ne peut
avoir aucune prise. Elle est le point de départ et le premier mobile de
la civilisation, et les sauvages ne sont tels que parce qu'ils errent sans
asile et sans aucun lieu particulier d'affection locale. Ajoutons qu'elle
établit et constitue les peuples, et que les peuples créent la patrie qui
résulte de la solidarité des droits entre tous les citoyens d'une même
société. Un peuple donc sera d'autant civilisé que son respect sera
grand pour le droit de propriété. Aussi les codes de tous les peuples ont
été rédigés à l'effet d'en constater, maintenir et garantir l'existence ;
et le Code français, qui est le plus beau monument législatif qui ait
encore paru, appréciant toute l'importance du droit de propriété et
voulant lui donner comme une nouvelle sanction, a consacré neuf
modes d'acquérir, qu'on divise en modes originaires et en modes
dérivés.

L'ordre chronologique veut qu'on place en tête de tous ces modes:
1° L'occupation qui, seul mode originaire, a été le berceau de la pro-

priété. 2° Et en tête des modes dérivés les successions. 3° Les dona-
tions. 4° L'effet des conventions. 5° L'accession ou incorporation.
6° La prescription. 7° La tradition. 8° La perception des fruits par un
possesseur de bonne-foi. 9° L'effet de la loi.

Disons qu'en tant que mode d'acquérir et de conserver, le droit est
un art qui nous fournit les règles à l'aide desquelles se fait l'attribution
du *tien,* du *sien* et du *mien*, tel est, du reste, le point de vue sous
lequel il est traité dans nos Codes.

Pour suffire à la tâche qui m'est imposée par cette Thèse, je dois
traiter : 1° De l'action en reprise de la dot de la femme d'après le Droit
Romain ; en Droit Civil français, des diverses espèces d'obligations ; en
Droit Commercial, des commissionnaires pour achats et ventes ; en
Droit Administratif, de la juridiction gracieuse du Conseil d'Etat.

JUS ROMANUM.

De rei uxoriæ actione.

Dos apud Romanos, sicut in societate nostra, definitur : quod omne
a muliere viro affertur ad sustinenda matrimonii onera.

Tribus modis constituebatur ; enim vero, illa erat, aut data, aut
dicta, aut stipulata. Dicebatur profectitia quum quam pater mulieris
dederat ; adventitia, quum ea à quovis alio data fuerat. Dissoluto matrimonio, dos profectitia redibat ad patrem vel etiam ad avum qui eam
constituerat. E contra, dos adventitia, dissoluto matrimonio, virum
manebat, nisi tertius aliquis stipulatus fuisset, præmortua uxore, illam
ad se redituram esse ; tumque dos appellabatur *receptitia*. Si, vivente

.uxore, matrimonium dissolvebatur, utraque dos ad uxorem aut ejus haeredes redibat. Justinianus jus vetus mutavit et praescripsit, matrimonio dissoluto, viro et uxore superstitibus, dotem adventitiam ad uxorem vel ejus haeredes semper esse redituram.

Jus Romanum duplicem actionem praebebat: unam viro de dote solvenda iis qui promiserant; alteram de dote repetenda adversus virum qui acceperat illam.

Dos data nullam viro praebuit actionem, quum dotem acceperat. Dos dicta per condictionem vindicatur et dos stipulata per actionem ex stipulatu.

Quorum intererat dotis repetitio repetebant olim a viro per actionem rei uxoriae, quae exerceri poterat a quocunque habente jus rei uxoriae vindicandae. Aliquando tamen uxor aut quivis alius habens jus dotis repetendae, expresse stipulabatur dotem a viro restituendam: tumque actionem ex *stipulatu* habebant. Justinianus transtulit in eam ultimam uxori utiliorem omne jus quod res uxoriae ante habebat. Igitur, actio rei uxoriae sublata est, atque actio ex stipulatu pro ea introducta est. Quui etiam, haec meruit ut ex actione stricti juris in actionem bonae fidei converteretur, sed tantum in exactione dotis. Quam ob causam, effectus ex actione stipulatu quae erat stricti juris temperabantur effectibus ex actione bonae fidei. Ita, secundum actionis bonae fidei naturam quam actio ex stipulatu accipit, spatium anni viro datur ad restituenda bona dotalia, alia tamen quam immobilia quae restituenda erant sine mora; imo ei reliquum est restituere in quantum facere potest. En duo effectus qui superfuerunt extinctae actioni rei uxoriae et qui in actionem ex stipulatu bonae fidei translati sunt. Actio autem ex stipulatu habet omnes alios effectus a seipsa descendentes; itaque, dissoluto matrimonio, uxor aut ejus haeredes semper vindicare possunt per ex stipulatu actionem, dotem, sive profectitiam, sive adventitiam. Eodemque modo etsi inutiliter facta est stipulatio, aut cum una in instrumento stipulatio valida inveniatur, aliis etiam inutilibus. Aut adhuc, quamvis stipulatio scripta vel non scripta fuerit. Praeterea, tacita et praelata hypotheca uxori datur, cum ipsa vel sui posteri de dote sua experiantur, et tantum vulgaris, cum alii ejus haeredes experiantur.

Consequentiæ actionis ex stipulatu hæc sunt: 1° Edicti prætoris de alterutro abrogatio; ita ut uxor omnia a marito relicta recipiat, et dotem consequatur, nisi specialiter pro dote ei maritus illa dereliquisset; 2° Ex stipulatu actione, jus repetitionis ad successores pertinet et transit sine mora transmissionis incorruptum; 3° Abrogatio juris retentionis ob mulieris mores; 4° Abrogatio juris retentionis ob res à marito donatas; 5° Abrogatio juris retentionis ob res a muliere amotas; 6° Juris retentionis ob liberorum educationem; 7° Juris retentionis ob impensas in res dotis factas, cum necessariæ impensæ quantitatem dotis minuant; utiles autem non aliter in rei uxoriæ actione detinebantur nisi ex voluntate mulieris. Si voluntas mulieris impensis utilibus intercedat, actio mandati marito datur; si non intercedat, maritus habet actionem *negotiorum gestorum* adversus mulierem. Quod si impensæ voluptariæ sint, licet ex voluntate mulieris, deductio operis, sine læsione tamen prioris speciei marito relinquatur. Ergo, quamvis decesserit mulier constante matrimonio, dos non in lucrum mariti cedit, nisi ex quibusdam pactionibus, sed ad mulieris hæredes ex stipulata actio transmittitur, sive expressa fuerit stipulatio, sive ex hac lege inesse intelligatur. Si maritus non illico restituere potest, cautione ab eo exponenda, quod si ad meliorem fortunam pervenerit, procurabit restituere hoc quod minus persolvit. Sin autem maritus supersederit res mobiles, vel se moventes, vel incorporales post annale tempus restituere, vel cæteras res statim post dissolutum matrimonium, etiam usuras æstimationis omnium rerum quæ extra immobiles sunt usque ad tertiam partem centesimæ ex bonæ fidei introducendas præstabit. Fructus autem immobilium rerum ex tempore dissoluti matrimonii præstandi sunt. Similique modo pensiones, vel vecturæ navium sive jumentorum, vel operis servorum, vel quæstus civilium annonarum et alia quæ sunt eis similia parti mulieris restituenda sunt.

Actio ex stipulatu adhuc utitur natura in sequenti specie. Ita ut mulier a marito fuerit hæres instituta, et legis Falcidiæ ratio emerserit, etiam dotis debitum liceat ei sicuti alia debita ex substantia mariti subtrahere, et sic quartam partem deducere.

CODE NAPOLÉON.

Des diverses espèces d'obligations.

L'obligation est un lien de droit qui nous astreint envers quelqu'un à donner, à faire ou à ne pas faire quelque chose : ou bien encore, et, en autres termes, on peut dire que l'obligation est la nécessité juridique où se trouve une personne de procurer à une autre une prestation quelconque.

Ce lien ou cette nécessité, peut être le produit, ou de notre libre arbitre, ou d'une omission, négligence ou imprudence de notre part, ou bien de l'autorité seule de la loi. S'il procède de notre libre arbitre, et que le fait qui y a donné naissance, soit licite, il en résulte un contrat ou un quasi-contrat. Si le fait est illicite et accompli avec l'intention de nuire, il en résulte un délit. Si le fait est imputable à son auteur, mais non accompagné de l'intention de nuire, ce n'est qu'un quasi-délit. Mais si ce lien dérive d'un événement ou d'une circonstance autre qu'un fait de l'homme, il est alors le produit exclusif de l'autorité seule de la loi. De là cinq sources des obligations, ou cinq causes différentes qui peuvent lier juriquement une personne à une autre : le contrat, le quasi-contrat, le délit, le quasi-délit et la loi.

Maintenant que les sources des obligations nous sont connues, je dois établir les principales divisions qu'elles comportent. Ainsi, considérées par rapport à leur cause, les obligations sont conventionnelles, lorsqu'elles proviennent de l'accord de deux volontés, puisqu'alors elles sont nées d'une convention qui forme elle-même le contrat. Elles sont, au contraire, non conventionnelles quand elles dérivent d'une des quatre autres sources, puisque, dans tous ces cas, elles sont le produit d'une seule volonté, et que dès-lors elles existent sans le concours de la volonté d'autrui. Considérées par rapport à leurs effets, elles sont positives ou négatives, selon qu'elles consistent à faire ou à donner quelque chose, ou, au contraire, à ne pas donner ou à ne pas faire cette chose. Considérées par rapport à leur quantité numérique, elles sont liquides ou non liquides, selon que la quotité de leur objet est ou n'est pas actuellement fixée. Considérées par rapport à leur objet, elles sont de corps certains, ou de genres, selon que cet objet est déterminé dans son individu même, ou ne l'est que par l'espèce à laquelle il appartient. Considérées par rapport à leur qualité, elles sont privilégiées ou non privilégiées, principales ou accessoires, civiles ou naturelles.

L'obligation, envisagée sous ces différents points de vue, et sauf la distinction des obligations civiles et naturelles, dont il importe de dire quelques mots, se trouve suffisamment expliquée par la définition de la qualification qui la suit.

Mais que faut-il entendre par la distinction que fait le Code en obligations naturelles et en obligations civiles? S'agit-il, par obligations naturelles, de celles que nous impose le devoir et que nous prescrit la morale, de concert avec la religion? Evidemment non, par la raison que le droit positif n'a pas fait siennes ces sortes d'obligations, et que, dès-lors, leur refusant tout moyen de coërcition juridique, elles n'ont d'autre sanction que notre conscience. Par obligations naturelles, il faut entendre, sous le Code civil, les obligations que le législateur tient d'abord pour nulles, par application d'une présomption générale d'invalidité, mais qu'il sanctionne ensuite, si une exécution libre, de la part de l'obligé, ou quelqu'autre acte équivalent, ou bien seulement son aveu, vient prouver que cette présomption tombait à faux. Telle est la présomption légale, qui répute inefficace l'obligation du mineur, de l'interdit, de la femme mariée non autorisée; telles encore l'autorité de la chose jugée et la prescription, qui sont des présomptions légales de la non-existence ou de l'extinction de la dette. On entend, au contraire, par obligation civile, celle qui a sa sanction dans le droit positif, et pour laquelle la loi humaine fournit une action pour contraindre le débiteur à l'exécuter.

L'obligation est pure et simple, lorsque son exécution peut être exigée aussitôt après qu'elle est née.

Mais il est des obligations dont les effets, à cause de la formation toute particulière des conventions dont elles dérivent, ne peuvent pas être exigés immédiatement, ou pourront être révoqués selon que tel événement arrivera ou n'arrivera pas. Dans le premier cas, elles sont formées sous une condition suspensive; dans le second, sous une condition résolutoire.

Il en est d'autres qui prennent naissance en même temps que la convention, mais dont l'exigibilité est suspendue jusqu'au moment de l'arrivée d'un terme; on les appelle aussi obligations à terme.

L'obligation peut encore être simple ou composée, quant à son objet, suivant qu'elle porte sur un seul, ou qu'elle en comprend simultanément plusieurs ; de là, les obligations simples, conjonctives, alternatives et facultatives.

Elle peut être unique ou multiple quant aux personnes, ce qui embrasse les obligations conjointes et les obligations solidaires.

Elle peut être divisible ou indivisible, suivant que son objet est ou n'est pas divisible.

Enfin, elle peut exister seule et par elle-même, ou dépendre d'une autre, et alors elle est ou principale ou accessoire.

Mais, avant de traiter successivement de ces diverses modalités dont l'obligation est susceptible, disons que, sous quelque point de vue qu'on la considère, l'obligation comprend toujours trois éléments : 1° Le droit qui en découle; 2° une ou plusieurs choses objet de ce droit; 3° deux personnes ou plus grand nombre qui sont le sujet actif et passif de ce droit. L'obligation, considérée par rapport au droit, est pure ou conditionnelle; considérée par rapport à son objet, elle est simple ou composée, ou seulement semi-composée, si elle est *facultative*, puisque alors elle reste toujours simple du côté du créancier; considérée par rapport aux personnes, elle est unique ou multiple. Donc la qualité de pure et de conditionnelle affecte l'époque de l'exigibilité du droit qui découle de l'obligation; celle de simple et de composée affecte ce qui en fait l'objet, et celle d'unique et de multiple touche les personnes, sujet actif et passif de ce droit. Tels sont les trois éléments essentiels de toute obligation.

Des obligations conditionnelles.

On appelle condition tout événement futur et incertain dont dépend l'existence ou la résolution d'un droit réel ou personnel. L'obligation conditionnelle est donc celle qui dépend d'un événement futur et incertain, qui, en conséquence, existera peut-être, qui peut-être n'existera pas, ou qui peut-être sera résolue.

Ainsi donc, les conditions sont suspensives ou résolutoires.

La condition suspensive est celle qui suspend l'existence même du droit et qui, lorsqu'elle s'accomplit, rétroagit au jour de la convention, et fait considérer le créancier comme ayant été investi du droit conditionnel dès ce jour même. Mais pour que la rétroactivité puisse s'accomplir, il faut que la chose qui fait la matière de la convention existe au moment de l'événement de la condition; car, si elle n'existait pas, l'obligation du débiteur ne pourrait naître faute d'objet, et celle du créancier, dans les contrats à titre onéreux, ne pourrait exister faute de cause. Pour cette raison, la chose, lorsqu'elle est un corps certain et déterminé, demeure aux risques du débiteur. Si, au lieu de périr en totalité, la chose ne s'était que détériorée, et ce par la faute du débiteur, le créancier aurait le choix ou de résilier le contrat, ou de prendre la chose pour le prix actuel, sauf, dans les deux cas, à obtenir de plus amples dommages-intérêts.

La condition résolutoire est celle qui suspend, non point l'existence, mais la révocation des effets du contrat. Le contrat fait sous cette condition, de même qu'un contrat pur et simple, produit donc pour le moment, tous ses effets, aussitôt qu'il est formé ; mais si la condition se réalise, tous les effets qu'il avait produits sont révoqués rétroactivement. Ils cessent et pour l'avenir et pour le passé. Mais il faut remarquer que la condition est nécessairement et toujours suspensive, aussi bien quand elle porte sur la résolution de l'obligation que quand elle affecte son existence même ; et que, de plus, dans tout transport de droits réels, une condition, soit suspensive, soit résolutoire, ne peut exister pour l'une des parties, sans emporter pour l'autre la condition contraire. Si donc l'acquéreur obtient le droit sous condition suspensive, l'aliénateur le conserve, par là même, sous condition résolutoire, et réciproquement. Ainsi donc, la condition suspensive suspend les effets du droit conditionnel au profit du débiteur, qui reste propriétaire sous condition résolutoire, tandis que le créancier ne l'est alors que sous condition suspensive ; et dans le cas de la condition résolutoire de l'obligation, le créancier qui est devenu propriétaire par l'effet de la convention, deviendra débiteur par le fait de la réalisation de la condition, qui remettra les choses, de part et d'autre, au même état que si la convention n'avait jamais existé.

La condition résolutoire peut être expresse ou tacite.

La condition résolutoire est expresse quand elle a été formellement stipulée dans la convention par les parties contractantes ; et alors elle opère de plein droit la révocation des effets que le contrat avait produits de part et d'autre ; et les choses sont placées au même état qu'avant la formation de la convention. Il en résulte que tous les droits, servitudes ou hypothèques, constituées par l'acquéreur, *pendente conditione*, sur la chose qui fait l'objet du contrat, seront valables, si la condition se réalise en sa faveur, et nuls si elle se réalise contre lui ; et, réciproquement, de l'aliénateur, selon que la condition se réalisera ou ne se réalisera pas. Mais, dans tous les cas, si la chose aliénée, sous condition résolutoire, périt ou se détériore par cas fortuit, *pendente conditione*, et qu'ensuite la condition se réalise, l'acquéreur supporte cette perte, sans pouvoir répéter le prix, s'il l'a déjà payé, ou refuser de le payer, s'il en est encore débiteur.

Que si la chose a été détériorée seulement, le vendeur peut, à son choix, la reprendre en rendant le prix, ou retenir le prix en laissant à l'acheteur la chose détériorée. J'ajouterai que si le paiement n'a pas été fait avant la réalisation de la condition, l'exécution ne peut pas en être demandée; et alors la condition résolutoire accomplie est extinctive d'obligations; et si elle s'est réalisée après qu'il a été exécuté, chacune des parties est tenue de restituer ce qu'elle a reçu; et dans ce cas elle est génératrice d'obligations.

La condition résolutoire tacite est celle que renferme tout contrat synallagmatique, parce que la loi suppose qu'il a été entendu entre les parties que, si l'une d'elles n'exécute point son obligation, l'autre partie ne sera point tenue d'exécuter la sienne. Mais il ne faut voir là qu'une faculté dont celle des parties qui a exécuté ou qui est prête à exécuter le contrat, peut user ou ne pas user à son gré. Elle pourra donc en demander la résiliation ou le maintenir, et poursuivre l'autre partie pour la contraindre, par toutes voies de droit, à exécuter son obligation.

La condition résolutoire tacite diffère de la condition expresse, en ce que celle-ci a lieu de plein droit, tandis que celle-là n'a pas lieu de plein droit. Les parties peuvent encore insérer dans le contrat un pacte commissoire qui consiste dans cette clause que, faute d'exécution dans un certain temps, le contrat sera résolu de plein droit. Mais, outre cette clause, le créancier sera tenu d'avertir le débiteur par une sommation, et alors le contrat sera résolu, si le débiteur ne paie pas au plus tard le jour même de la sommation.

Les conditions ayant pour objet une chose impossible, contraire aux bonnes mœurs, ou prohibée par la loi, sont nulles et rendent du moins quand elles sont positives, toujours nulle aussi la convention qui en dépend.

La condition peut être potestative, ou mixte, ou casuelle. Elle est potestative, quand il est au pouvoir de l'une ou de l'autre des parties de faire ariver ou défaillir l'événement prévu. Elle est mixte quand cet événement dépend à la fois de la volonté d'une partie et de celle d'un tiers. Toute autre condition est casuelle. Toutes ces conditions laissent l'obligation valable ; la seule qui la rende nulle est celle qui consisterait dans le pur caprice de l'obligé et qu'on appelle *si voluero*.

Notre Code faisant prévaloir l'intention des parties sur le sens littéral des termes, la condition est accomplie par équivalent. Aussi la loi la regarde-t-elle comme accomplie lorsqu'elle a défailli par la faute du débiteur.

Des obligations à terme.

L'obligation à terme est celle qui existe immédiatement après la formation du contrat, mais dont l'exécution ne peut pas être exigée avant l'échéance d'un terme stipulé ou nécessité par la force même des choses.

Le terme est, en général, stipulé en faveur du débiteur, mais il peut l'être aussi en faveur du créancier, et même en faveur de l'un et de l'autre. Il est de droit ou de grâce, selon qu'il résulte de la convention ou qu'il émane du juge. Tant qu'il n'est pas échu, le créancier ne peut pas exiger de son débiteur ce qui lui est dû, et celui-ci seul peut renoncer au bénéfice du terme, soit expressément, soit tacitement, ce qu'il est censé faire quand il a payé d'avance. Mais cette présomption pourra toujours être combattue, en prouvant qu'il n'a payé que dans l'ignorance du terme. Cependant, le débiteur perdra le bénéfice du terme et ne pourra plus l'invoquer, s'il tombe en faillite ou en déconfiture ; ou bien si les sûretés données ou promises à son créancier sont diminuées, soit par son propre fait, soit même par le fait de circonstances indépendantes de sa volonté.

Des obligations alternatives.

L'obligation alternative est celle qui, bien qu'elle comprenne plusieurs objets, est entièrement éteinte par la prestation de l'un des objets qu'elle comprend.

Le choix appartient au débiteur, s'il n'a été expressément accordé au créancier, parce qu'en principe, la convention, dans le doute, s'interprète en faveur du débiteur. Néanmoins, le débiteur ne peut pas forcer le créancier à recevoir une partie de chacune des choses stipulées par la convention, vu que, dans ce cas, loin d'exécuter son obligation il la dénaturerait. Il doit donc procurer au créancier en totalité, l'une ou l'autre des choses promises ; et ses héritiers sont aussi tenus de la même obligation. Si l'élection appartient au créancier, les choses se passent de la même manière, tant à l'égard de lui-même qu'à l'égard de ses héritiers ; ils ne peuvent exiger à leur choix qu'un des objets compris dans l'obligation, à moins que l'obligation ne soit périodique ; car le débiteur pourrait alors offrir et le créancier réclamer tantôt une chose, tantôt l'autre.

Tant que l'offre n'a pas été acceptée et la demande agréée, le débiteur n'est pas lié par son offre ni le créancier par sa demande. Lorsqu'en vertu d'une prohibition de la loi, l'un des objets ne peut pas faire la matière d'une convention, l'obligation devient pure et simple, puisqu'alors elle est restreinte à l'autre objet. Si, toutefois, une obligation principale, garantie par une clause pénale, avait pour objet une chose illicite, l'obligation accessoire qui aurait pour objet la clause pénale serait nulle, faute de validité de la première.

Mais qu'arrive-t-il, si, dans le cas de l'obligation alternative, l'une des deux choses vient à périr, ou si toutes les deux périssent ? La loi dans ce cas établit deux hypothèses selon que le choix appartenait au débiteur ou au créancier. Dans l'hypothèse où le choix appartenait au débiteur, il peut se présenter quatre cas :

1° L'une des deux choses seulement a péri, soit par cas fortuit, soit par le fait ou la faute du débiteur, l'obligation est restreinte à celle qui reste : le prix de la chose qui a péri ne peut pas être offert à sa place.

2° Les deux choses ont péri l'une après l'autre, et le débiteur est en faute à l'égard de l'une d'elles : le débiteur doit le prix de celle qui a péri la dernière.

3° Les deux choses ont péri simultanément par la faute du débiteur : celui-ci peut payer le prix de celle qui valait le moins.

4° Les deux choses ont péri successivement, ou simultanément, par cas fortuit : le débiteur est entièrement quitte et n'a rien à payer.

Supposons maintenant que le choix appartenait au créancier ; dans cette hypothèse, il pourra se présenter cinq cas :

1° L'une des choses dues a péri par cas fortuit, l'obligation est restreinte à celle qui reste : le créancier n'a pas le droit de demander le prix de celle qui a péri. 2° L'une des choses dues a péri par le fait ou la faute du débiteur : le créancier pourra, dans ce cas, réclamer, à son choix, ou la chose qui reste, ou le prix de celle qui a péri. 3° Les deux choses ont péri, soit simultanément, soit successivement par la faute du débiteur : le créancier peut réclamer, à son choix, le prix de l'une ou de l'autre chose. 4° Les deux choses ont péri successivement, et le débiteur est en faute à l'égard de l'une d'elles : ici encore le créancier peut réclamer, à son choix, le prix de l'une ou de l'autre chose. 5° Les choses ont péri sucessivement ou simultanément par cas fortuit : le débiteur est entièrement quitte et n'a rien à payer. La solution serait la même dans la même hypothèse quel que fût le nombre de choses que comprît l'obligation alternative.

Il ne faut pas confondre l'obligation alternative avec l'obligation conjonctive, ou avec l'obligation facultative.

L'obligation conjonctive est celle qui comprend plusieurs objets et qui n'est complètement éteinte que par la prestation de chacun des objets qu'elle comprend. Je vous dois tant de mesures de blé et tant de pièces de vin, mon obligation est conjonctive et je ne serai quitte envers vous qu'après vous avoir payé le blé et le vin que je vous dois. L'obligation alternative, au contraire, est complètement éteinte par la prestation de l'un des objets compris dans l'obligation.

Lorsque l'obligation est conjonctive, les choses comprises dans l'obligation appartiennent purement et simplement à l'acquéreur dès le moment du contrat, et sont dès-lors à ses risques et périls : leur perte n'empêche donc point qu'on ne doive en payer le prix ; à la différence de l'obligation alternative qui ne rend l'acquéreur propriétaire que sous condition suspensive, et laisse dès-lors les choses aux ris-

3

ques et périls du vendeur. On connaît, dès le moment du contrat, quelle est la nature de l'obligation conjonctive ; mais on ne peut pas déterminer *à priori* celle de l'obligation alternative, si elle comprend des meubles et des immeubles. S'il ne faut pas confondre l'obligation alternative avec l'obligation conjonctive, il ne faut pas non plus la confondre avec l'obligation facultative qui laisse au débiteur la faculté de se libérer en payant une chose autre que celle qu'il doit. Ainsi, je vous dois la maison et rien que la maison ; mais je serai libre de me libérer en vous donnant 10,000 francs. A la vérité, l'obligation facultative et l'obligation alternative ont un point commun, lorsque le choix de la dernière appartient au débiteur, puisque celui-ci peut alors dans les deux cas se libérer par la prestation qu'il lui plaît de fournir ; mais pour cela il n'existe pas moins entre elles des différences importantes.

En effet, dans le cas de l'obligation alternative, si l'une des choses vient à périr, l'obligation portera uniquement sur l'autre, s'il n'y en a que deux, ou sur les autres s'il y en a plusieurs, tandis que si la chose qui a péri faisait l'objet d'une obligation facultative, cette obligation serait nulle faute d'objet de la part du débiteur, et de cause de la part du créancier. Dans une dette alternative, on ne peut connaître la nature de l'obligation qu'après le choix fait ; et ainsi elle deviendra mobilière ou immobilière suivant qu'on fixera le choix sur l'objet mobilier ou immobilier ; tandis que l'obligation facultative conservera toujours le caractère que lui imprime la chose qui en fait l'objet, l'autre chose n'étant indiquée que comme objet d'une faculté subsidiaire réservée au débiteur. Dans l'obligation facultative, le créancier n'aura jamais à demander qu'une seule chose, l'objet unique de la dette ; dans l'obligation alternative, au contraire, il devra demander au débiteur de fournir l'une ou l'autre prestation au choix de celui-ci, ou, si le choix lui appartient, à lui créancier, il demandera celle des deux qu'il voudra. Dans l'obligation facultative, la dette s'éteint par cela seul que l'objet unique vient à ne pouvoir plus être fourni sans la faute du débiteur ; tandis que dans l'obligation alternative, l'impossibilité de procurer l'une des prestations fait porter la dette sur l'autre ou sur les autres prestations ; et la dette ne s'éteindrait que lorsque toutes les prestations seraient devenues impossibles sans la faute du débiteur. Lorsque, dans le cas de l'obligation facultative, la chose périt par la faute du débiteur, le créancier ne peut demander que sa valeur en argent et jamais l'objet facultatif de la dette, objet que le débiteur seul a toujours le droit de payer.

L'obligation alternative ne doit pas non plus être confondue avec la clause pénale ; car, tant que l'obligation est susceptible d'être exécutée, le créancier peut exiger qu'elle le soit. De même, le créancier ne peut pas exiger, à son choix, le paiement de l'obligation ou de la clause pénale ; car le débiteur ne doit la clause pénale qu'autant qu'il n'exécute pas son obligation. Il faut encore ajouter que si l'obligation principale est nulle ou s'éteint faute d'objet, le créancier n'a pas le droit d'exiger le bénéfice de la clause pénale, tandis qu'il pourra toujours réclamer la chose qui est devenue l'objet unique de l'obligation alternative.

De la solidarité.

On dit que l'obligation est unique, lorsque ce qui en fait l'objet est dû à une seule personne et par une seule personne. L'obligation est, au contraire, multiple, quant aux personnes, lorsque la prestation est due, soit par plusieurs débiteurs à un seul créancier, soit à plusieurs créanciers par un seul débiteur. L'action que donne une créance appartenant à plusieurs créanciers, se divise entre tous ces créanciers ; de même l'obligation dont sont tenus plusieurs débiteurs, se divise entre tous ces débiteurs ; et les débiteurs, comme les créanciers, sont alors seulement conjoints : tel est même le droit commun. La solidarité, qui forme l'exception, désigne l'état de plusieurs créanciers ou de plusieurs débiteurs d'une même chose, qui, au point de vue actif et passif, sont considérés comme ne formant qu'un seul créancier ou qu'un seul débiteur. La solidarité doit donc être stipulée, puisqu'elle forme l'exception, et la loi ne la présume, de la part des débiteurs, que dans les cas qu'elle a déterminés. Elle doit être considérée par rapport aux créanciers et par rapport aux débiteurs.

De la solidarité de la part des créanciers.

Il y a solidarité, de la part des créanciers, lorsqu'ils stipulent qu'ils seront mandataires les uns des autres, à l'effet de poursuivre et de recevoir le paiement intégral de la dette et de faire tous les actes nécessaires à la conservation et à l'amélioration de leur créance. De ce principe, il résulte que chacun peut exiger le paiement intégral de la dette ; que les actes interruptifs de la prescription faits par l'un d'eux profitent à tous les autres ; que si l'un d'eux constitue le débiteur en demeure, celui-ci est en demeure à l'égard de tous ; qu'une demande fondée en justice fait courir les intérêts au profit de tous ; qu'une hypothèque prise par l'un d'eux profite à tous. Il va de soi que, si un créancier peut faire tous les actes conservatoires de la créance, il ne peut en faire aucun qui soit préjudiciable à ses cocréanciers.

De la solidarité de la part des débiteurs.

Il y a solidarité, de la part des débiteurs, lorsque le créancier stipule que chacun d'eux pourra être contraint au paiement de la totalité de la dette, et qu'ils ne seront considérés tous ensemble, par rapport à lui, que comme une seule et même personne, de telle sorte, cependant, que le paiement fait par l'un d'eux libérera tous les autres.

La solidarité est parfaite ou imparfaite. La solidarité parfaite ne peut résulter que d'une convention expresse ou d'une disposition formelle de la loi, en sorte qu'elle est ou légale ou conventionnelle.

La loi cite huit cas où la solidarité a lieu de plein droit : 1° Le cas de la solidarité qui s'établit entre le mari et sa femme, qui a des enfants mineurs d'un premier mariage, relativement à la gestion des biens de ces enfants; 2o des exécuteurs testamentaires, relativement au compte du mobilier qui leur a été confié; 3° du conjoint survivant et du subrogé-tuteur, quand il y a des enfants mineurs, et qu'ils n'ont pas fait inventaire; 4o des différents locataires d'une maison, relativement à l'incendie; 5° du prêt à usage, relativement à la chose empruntée; 6° des co-mandants envers leur mandataire, par rapport aux effets du mandat; 7o des sociétés de commerce, des lettres de change, des billets à ordre, parce que la dette est alors toujours solidaire; 8° des amendes, dommages et intérêts, restitutions et frais auxquels sont condamnés tous les individus pour un même crime ou pour un même délit. Cependant, bien que la solidarité existe dans tous ces cas, elle n'a pas lieu toujours avec les mêmes conséquences, par la raison que son origine est différente. Ainsi, quand elle a été volontairement et librement consentie par le co-débiteur solidaire, ou bien même tacitement, mais avec la connaissance de la responsabilité solidaire qu'on a assumé sur soi, elle est alors parfaite, ou tout à la fois légale et parfaite, et produit, dans ces deux cas, la plénitude des effets qui sont attachés à la solidarité conventionnelle expresse. Mais quand elle résulte d'un fait à l'accomplissement duquel le co-débiteur solidaire n'a point participé, et dont il subit les effets en vertu d'une disposition de la loi, elle est alors légale, mais imparfaite, et ses conséquences se bornent à payer la dette entière, s'il y est contraint, sans qu'il puisse encourir aucune des autres conséquences attachées à la solidarité parfaite-conventionnelle.

Quant à la solidarité parfaite qui résulte de la solidarité conventionnelle, il suffit d'ajouter, pour expliquer sa nature et ses effets, qu'elle procure au créancier en faveur de qui existe la stipulation de la solidarité de la part de plusieurs débiteurs, les mêmes avantages qu'elle donne à plusieurs créanciers solidaires qui ont stipulé en leur faveur la solidarité de la part d'un seul débiteur. Ce qu'il y a de plus dans le cas où il existe plusieurs débiteurs solidaires et un seul créancier, que dans le cas où il n'existe qu'un débiteur et plusieurs créanciers solidaires, c'est que si la chose vient à périr par la faute ou le retard d'un des débiteurs solidaires, qui est poursuivi par le créancier, il est tenu, si le créancier l'exige, de payer non-seulement la valeur de la chose, mais encore des dommages-intérêts; à la différence des autres débiteurs, qui ne doivent que la valeur de la chose périe, parce que, en tant qu'il s'agit de l'intérêt des créanciers, les débiteurs solidaires sont bien mandataires réciproques pour tout ce qui tend à perpétuer leur obligation en faveur du créancier, mais ils ne le sont pas pour ce qui est de nature à l'étendre.

Il est de l'essence de la dette solidaire que toutes les obligations dont elle se compose aient la même chose pour objet; mais la loi n'exige point que chacun des obligés la doive de la même manière : chacun doit promettre la même chose, mais chacun d'eux peut la promettre différemment; celui-ci purement et simplement, celui-là à terme ou sous condition. De là, pour chacun d'eux, des conséquences différentes : le débiteur pur et simple devra payer la dette quand le créancier l'exigera, sans pouvoir exercer de recours contre le débiteur à terme, pour la portion de dette dont celui-ci est tenu, qu'après l'expiration du terme, et contre le débiteur conditionnel qu'après l'accomplissement de la condition. En ce qui touche le créancier, sa position ne se trouvera nullement changée, et il pourra toujours poursuivre le débiteur qu'il lui plaira, même après avoir commencé des poursuites contre un autre débiteur.

L'obligation solidaire a nécessairement cela de commun avec les autres, qu'elle s'éteint par la perte de la chose due, arrivée sans la faute d'aucun des débiteurs; car il n'est pas d'obligation sans objet. Outre cette cause générale d'extinction, il en est d'autres que la loi appelle *exceptions*, et qui sont des fins de non-recevoir contre le demandeur.

Le Code distingue trois espèces d'exceptions : 1° les exceptions qui résultent de la nature de l'obligation et qui consistent à soutenir que l'obligation est nulle parce qu'elle manque d'une condition essentielle à son existence ou à sa validité. On les appelle réelles, abso-

lues ou communes, parce qu'elles sont opposables au créancier par
tous les débiteurs.

2o Les exceptions personnelles, qui sont tirées d'une cause propre
à l'un des co-débiteurs, et que, par conséquent, lui seul peut invoquer, telles, par exemple, que la minorité, l'interdiction, que le
mineur ou l'interdit peuvent seuls invoquer; ou bien encore la vio-
lence, le dol ou l'erreur dont le consentement d'un des obligés
serait entaché; ou, enfin, une condition, un terme stipulé à son
profit. Dans tous ces cas, les co-débiteurs de celui en faveur de qui
existe l'exception, ne seront tenus de la dette que déduction faite de
sa part, si toutefois celui-ci, mis tout d'abord en demeure par le
créancier, a excipé du vice de son consentement. Il faut pourtant
excepter le cas de minorité, vu que les actes de l'état civil four-
nissent un moyen facile de connaître l'âge de toute personne.

3o Les exceptions communes qui sont fondées sur une cause légitime d'extinction de la dette, telles que le paiement de la dette, la
prescription, la compensation, lorsqu'elle a été opposée par le débiteur du chef duquel elle s'est opérée; la confusion; la remise de la
dette, qui peut être absolue ou relative. Quand elle est absolue,
elle profite à tous; et, dans ce cas, il faut que le créancier l'ait expressément déclaré, ou du moins qu'il ait remis son titre à l'un des
débiteurs. Quand elle est relative, elle profite seulement à la personne à qui elle est faite. Au lieu de faire remise de la dette, le créancier peut ne faire remise que de la solidarité. Il fait remise de la
solidarité de la dette, lorsqu'il consent à la division de cette dette à
l'égard d'un débiteur solidaire; et alors il ne peut plus actionner les
autres débiteurs que sous la déduction de la part du débiteur dé-
chargé.

Le créancier fait encore tacitement remise de la dette lorsqu'il reçoit divisément la part du débiteur solidaire, et qu'il constate dans
la quittance ou dans la demande, que c'est pour sa *part*, pourvu que
le débiteur ait acquiescé à la demande, ou qu'il soit intervenu un
jugement de condamnation. Il y a encore remise de la solidarité de

la dette dans le cas où le créancier aura reçu divisément d'un co-débiteur solidaire le paiement des arrérages et intérêts pendant dix années consécutives.

Des obligations divisibles et indivisibles.

L'obligation est divisible ou indivisible, suivant qu'elle a pour objet, ou une chose qui, dans sa livraison, ou un fait qui, dans l'exécution, est ou n'est pas susceptible de division matérielle ou intellectuelle. Mais cette distinction est sans utilité et ne peut être appliquée quand on considère l'obligation entre le créancier et le débiteur, puisque alors, bien que son objet soit divisible, elle doit être exécutée, comme si son objet était indivisible. La divisibilité de l'objet de l'obligation n'a donc d'importance et d'application qu'à l'égard de leurs héritiers, qui ne peuvent demander la dette ou qui ne sont tenus de la payer que pour les parts dont ils sont saisis ou dont ils sont tenus comme représentant le créancier ou le débiteur.

Quoique les héritiers du débiteur ne soient tenus de l'obligation que dans la mesure respective des parts pour lesquelles ils représentent leur auteur, néanmoins chacun d'eux peut être tenu de la totalité de l'obligation, lorsqu'elle est indivisible et, conséquemment, insusceptible d'exécution partielle, parce que son objet ne peut être divisé. Or, cela peut arriver de trois manières différentes : 1º Lorsque la chose que l'obligation a pour objet n'est pas susceptible de division matérielle ou intellectuelle, telle qu'une servitude de passage ; 2º lorsque la chose que l'obligation a pour objet est indivisible, par suite du rapport sous lequel elle figure dans le contrat : telle serait l'obligation d'une maison à construire; 3º lorsque l'obligation a pour objet une chose qui, bien que susceptible de division, ne doit pas cependant être divisée, parce que les parties contractantes ont entendu qu'elle ne pourra pas être fractionnellement exécutée; tel serait le cas d'une convention dans laquelle l'un des contractants stipulerait, de l'autre partie, le prêt d'une somme fixe pour

un but déterminé qu'il ne peut atteindre qu'au moyen de cette somme.
Cette dernière espèce d'obligation est donc indivisible, non pas dans
son objet, mais dans son exécution. Aussi l'appelle-t-on indivisible,
seulement par l'acquittement, en latin *solutione tantum;* et cette dernière espèce d'indivisibilité diffère de la première espèce, appelée indivisibilité *natura,* et de la seconde, appelée indivisibilité *contractu,*
en ce que ces deux dernières empêchent la division de la dette, soit à
l'égard des débiteurs, qui peuvent être poursuivis chacun pour le tout,
soit à l'égard des créanciers qui ont chacun le droit de poursuivre
pour le tout; tandis que l'indivisibilité *solutione tantum* n'affecte l'obligation qu'au point de vue passif, puisque la dette, rendue, par exception, indivisible à l'égard des héritiers du débiteur, reste divisible,
et se divise de plein droit entre les héritiers du créancier, qui ne
peuvent demander chacun que leur part dans la créance. Le Code
cite cinq cas d'indivisibilité *solutione tantum* où la dette, quoique divisible, à ne considérer que son objet, est indivisible à l'égard des héritiers du débiteur.

Ainsi la dette, quoique divisible quant à son objet, est indivisible
à l'égard des héritiers du débiteur : 1° lorsqu'elle est hypothécaire,
puisque alors le détenteur de l'objet, ou même d'une portion de
l'objet hypothéqué, peut être poursuivi pour la totalité de la dette.

2° Lorsque la dette est d'un corps certain, et que, par l'événement du partage, la chose due a été mise en totalité dans le lot de
l'un des héritiers. Néanmoins, dans l'un et l'autre de ces deux cas, le
créancier pourra agir, s'il l'aime mieux, par action personnelle, et
poursuivre chacun des héritiers pour sa part et portion.

3° Lorsqu'il s'agit de la dette alternative de choses, au choix du
créancier, dont l'une est indivisible. Cette disposition doit s'entendre
de l'indivisibilité touchant le droit de choisir qu'a le créancier ou le
débiteur entre toutes les choses de l'obligation alternative, en ce
sens qu'il ne peut être demandé ni offert une partie d'une chose et
une partie d'une autre.

4° Lorsque l'un des héritiers est chargé seul, par le titre, de

l'exécution de la convention, et, dans ce cas, l'héritier débiteur qui
fait les avances, n'est que le mandataire tacite de ses cohéritiers,
contre lesquels il conserve le droit de recourir pour leur part et
portion de dette. La clause qui enlèverait ce droit de recours à
l'héritier chargé seul du paiement de la dette, serait nulle, attendu
que modifiant les rapports des héritiers entre eux, elle ferait que l'un
recevrait plus que les autres; or, une telle modification apportée
à l'ordre légal des successions ne peut être faite que par testament.

5º Lorsqu'il résulte, soit de la nature de l'engagement, soit de
la chose qui en fait l'objet, soit de la fin qu'on s'est proposée dans le
contrat que l'intention des contractants a été que la dette ne peut
s'acquitter partiellement. Mais, dans tous ces cas, et à l'exception
de la dette d'un corps certain, l'indivisibilité de l'obligation est plutôt
fictive que réelle, puisqu'elle résulte de la loi et non de la nature
des choses. Les seules obligations qui, à proprement parler, revêtent
le caractère d'indivisibilité, sont l'obligation *natura* et l'obligation *contractu*, parce que, dans ces deux cas, la chose qui en fait l'objet est,
ou essentiellement ou du moins intentionnellement indivisible, eu égard
au but qu'ont eu en vue les parties contractantes; et alors chacun
des débiteurs, comme chacun de leurs héritiers, se trouve tenu de
la totalité; et chacun aussi des créanciers, comme chacun de leurs
héritiers, peut exiger le tout. Les choses se passent donc toujours
comme lorsque, à l'origine, il y a eu plusieurs débiteurs ou plusieurs
créanciers conjoints. Mais le paiement fait par l'un des débiteurs, libérera tous ses co-débiteurs, et la quittance donnée par l'un des créanciers représentera tous ses co-créanciers, à la condition, dans ce dernier cas, que l'obligation aura été exécutée en conformité de la
convention, et que le créancier qui a délivré la quittance n'aura
modifié en aucune manière les droits de ses co-intéressés. Il ne pourra
donc pas, sans le concours de ses co-créanciers, recevoir une chose
pour une autre, ni faire la remise de la dette, si ce n'est pour sa part;
et cette remise n'aura même d'effet, pour les débiteurs et les créanciers, que lorsqu'elle devra profiter aux uns et aux autres. Du reste, le

débiteur assigné pourra toujours demander un délai pour mettre en cause ses co-débiteurs, afin qu'ils soient tous condamnés, conjointement avec lui, à l'accomplissement de l'obligation, ou, faute par eux de l'accomplir, à payer, chacun pour sa part et portion des dommages-intérêts. Mais alors l'obligation indivisible se convertit en une obligation divisible, puisqu'elle aboutit à des dommages-intérêts, et que les dommages-intérêts se résolvent en une somme d'argent, laquelle est parfaitement divisible.

Il ne faut pas confondre l'obligation indivisible avec l'obligation solidaire. Dans l'obligation d'une chose indivisible, la dette reste indivisible entre les héritiers du débiteur : il suit de là que la poursuite faite contre l'un des débiteurs de cette chose interrompt la prescription dans l'intérêt de tous les créanciers contre tous les autres codébiteurs de cette même chose. Cette poursuite interrompant la prescription à l'égard de tous les créanciers et de tous les débiteurs, a donc un effet général. La solidarité, au contraire, n'empêche point la division de la dette entre les [héritiers du débiteur ; chacun n'en est tenu que pour sa part et portion : de là encore cette conséquence que les poursuites dirigées contre l'un des héritiers n'interrompent la prescription que pour la part de la dette dont est tenu l'héritier poursuivi. Mais l'indivisibilité de l'obligation procédant uniquement de l'indivisibilité de l'objet, il s'ensuit qu'elle deviendra divisible si par la faute ou le retard des débiteurs elle se convertit en des dommages-intérêts, lesquels sont toujours parfaitement divisibles, et chacun des héritiers n'en sera tenu que pour sa part et portion. Dans la même hypothèse, au contraire, les dommages et intérêts sont dus solidairement par chacun des codébiteurs solidaires, parce que la solidarité a pour cause leur consentement volontaire et libre, etque dès-lors ils doivent en subir tous les effets imputables à l'un d'eux, sauf leur recours contre qui de droit. La perte de la chose indivisible, arrivée par la faute de l'un des débiteurs, libère les autres débiteurs de l'obligation : la valeur de la chose périe, ainsi que les dommages et intérêts, restent uniquement à la charge du débiteur coupable ; tandis que, lorsque la dette est solidaire,

chacun des débiteurs demeure responsable, dans une certaine limite,
de la faute des autres et est tenu de la valeur de la chose périe ; mais
il est affranchi des dommages-intérêts, attendu que la solidarité a été
consentie pour perpétuer et non pour étendre l'obligation.

Des obligations avec clause pénale.

Nous savons que la clause pénale est une obligation contractée ac-
cessoirement à une obligation principale à laquelle elle a été ajoutée
pour assurer son exécution, ou pour en prévenir les retards. Du reste,
cette convention étant un forfait qui tient lieu de loi à ceux qui l'ont
fait, le créancier ne pourra jamais demander des dommages-intérêts
supérieurs à la peine stipulée, sans que, d'un autre côté, on puisse lui
refuser cette peine, alors même qu'on prouverait qu'il n'y a aucune
perte pour lui. Cette clause tient lieu des dommages et intérêts et en
est la compensation. Mais l'obligation engendrée par la clause pénale,
étant essentiellement accessoire, n'existera qu'autant que l'obligation
principale dont elle doit assurer l'exécution, ne sera pas nulle ; car
il ne saurait être question de dommages-intérêts là où il n'existe pas
d'obligation. On doit pourtant excepter le cas où la nullité de
l'obligation principale donne lieu à des dommages-intérêts, et
celui où elle serait nulle si elle n'avait pas été stipulée avec clause
pénale. Le créancier qui a stipulé une obligation avec clause pénale
ne peut pas poursuivre simultanément l'exécution de l'une et de
l'autre obligation ; la raison en est que les dommages-intérêts ne sont
dus qu'à défaut de l'exécution de l'obligation principale et que l'exécution de l'une empêche la poursuite de l'exécution de l'autre, à moins
toutefois que le contraire n'ait été expressément ou tacitement con-
venu, ou que la peine n'ait été stipulée pour le simple retard ; dans
ce dernier cas, la clause pénale ne pourra être poursuivie qu'après que
le débiteur sera mis en demeure. Il faut ajouter que le juge s'appuyant
sur l'intention présumée, pourra modifier la peine, lorsque l'obligation
aura été exécutée en partie, pourvu que cette exécution partielle ait

profité au créancier. Mais si l'obligation principale est entière, les juges ne pourront, sous aucun prétexte, augmenter ni diminuer le chiffre du montant de la clause pénale, arrêté entre les parties, à moins que l'obligation principale n'ait pour objet une somme d'argent; auquel cas, ils pourront réduire le montant de la clause pénale lorsqu'il dépassera le tarif fixé par la loi, qui est cinq pour cent et six en matière de commerce.

Le principe de la clause pénale aura encore son effet lorsque l'obligation principale et indivisible n'aura pas été exécutée par la faute d'un des héritiers du débiteur. Le créancier pourra alors, et à son choix, poursuivre pour le tout l'héritier contrevenant, ou tout à la fois l'héritier contrevenant et les héritiers non coupables, chacun pour sa part et portion seulement. Mais la peine ne sera encourue que par l'héritier coupable et uniquement pour sa part, lorsqu'il s'agira d'une obligation divisible.

QUESTION.

La convention de donner deux corps certains, sous une alternative, est-elle translative de propriété ou simplement génératrice d'obligations? Elle est translative de propriété, mais sous condition suspensive.

DROIT COMMERCIAL.

Des commissionnaires pour achats et ventes.

Les commissionnaires sont des auxiliaires entre l'acheteur et le vendeur pour faciliter les négociations commerciales.

Le commissionnaire contracte en son propre nom, mais pour le compte et au nom de son mandant. Le mandat du commissionnaire, diffère aussi du mandat du *préposé*, en ce que celui du préposé est général pour les opérations du commerce dont on lui a donné la gestion, tandis que celui du commissionnaire est spécial pour une opération déterminée. Le commissionnaire diffère encore du simple commis qui est exclusivement attaché au service d'un individu, et non du public, et des agents de change et courtiers qui sont des officiers publics tenant officiellement leur titre du chef de l'Etat, tandis que le simple commissionnaire n'a pour titre que celui qu'il a su s'acquérir à la confiance du public par son habileté dans les opérations commerciales.

Le contrat de commission peut se former entre toutes personnes considérées individuellement ou collectivement, commerçantes ou non commerçantes, exerçant ou non la profession de commissionnaire. Il se donne et il est reçu verbalement ou par écrit, ou même tacitement. Il est donc consensuel, puisqu'il résulte du seul accord des volontés des parties contractantes.

De ce que le commissionnaire agit en son propre nom, il s'ensuit qu'il s'oblige personnellement envers ceux avec qui il traite et n'engage pas son commettant. D'un autre côté, étant seul obligé, ou seul créancier à l'égard des tiers, il a tous les droits et toutes les charges de cette double qualité. Les tiers n'ont pas d'action contre le commettant, et réciproquement le commettant n'a pas d'action contre eux. Il n'existe alors de part et d'autre qu'une action indirecte, laquelle consiste pour les tiers dans l'exercice des droits que le commissionnaire avait contre le commettant, et pour celui-ci dans l'exercice des droits que le commissionnaire avait contre les tiers. Mais si l'intérêt des tiers était hors de cause, on appliquerait les principes du mandat et, en conséquence, le commettant serait substitué au commissionnaire.

Toute peine méritant une récompense, le commissionnaire qui a travaillé dans l'intérêt de son commettant a droit à un salaire de sa part. Mais la créance de ce salaire, lui impose à son tour une obligation envers son commettant auquel il a loué ses services. Aussi, est-il tenu à une reddition de compte de toute sa gestion, depuis le commencement jusqu'à la fin de l'opération dont il s'est chargé, et il devient passible de dommages-intérêts pour toute faute, même légère, qui lui est imputable, quand elle a préjudicié à son commettant. Son obligation naît du fait même de l'existence du contrat, à la différence des obligations du commettant envers lui, qui ne naissent que de l'exécution du contrat. Mais cette exécution, franche et loyale, oblige le commettant à lui payer son salaire; à lui rembourser ses frais et avances, et à l'indemniser des pertes éprouvées par suite du mandat. Son salaire est *simple* ou *double* : simple, lorsqu'il est la rémunération du travail et de l'exécution exacte et fidèle de son mandat; double, lorsque, moyennant une *prime* indépendante du droit de commission simple, il se sera chargé de l'insolvabilité des personnes avec lesquelles il traitera. Mais alors il y aura deux contrats indépendants l'un de l'autre : le contrat de commission et le contrat d'assurance. Quant aux frais et avances qu'a faits le commissionnaire, la loi, outre l'action personnelle qui lui appartient pour se faire rembourser de ses avances, intérêts et frais, lui accorde de plus un *privilège* pour sûreté de ce remboursement. Toutefois, ce privilège ne lui est accordé qu'autant : 1° que les marchandises lui sont expédiées d'une autre place ; 2° que les marchandises sont à sa disposition, ou, du moins, qu'il peut justifier par une lettre de voiture ou un connaissement que l'expédition lui en a été faite; 3° qu'il a fait les avances en vue des marchandises. Mais s'il réside dans le même lieu que son commettant et que les marchandises qu'on lui a remises s'y trouvent aussi, il n'aura alors que le privilège du créancier gagiste, et pour cela il devra se conformer aux dispositions du Code civil sur le gage, qui sont la rédaction d'un acte public ou sous seing-privé, dûment enregistré, contenant la déclaration de la somme due ainsi que l'espèce et la nature des choses remises en gage, un état annexé de leurs qualité, poids et mesure. Toutefois, la rédaction de l'acte par écrit et son enregistrement ne sont prescrtis qu'en matière excédant la valeur de 150 francs.

Le contrat de commission finit comme il a commencé : 1ᵒ par la volonté du commettant, et alors il est comme non avenu s'il n'y a pas eu d'exécution commencée ; dans le cas contraire, il se dissout et laisse subsister les obligations qui en sont nées ; 2ᵒ par la renonciation du commettant, pourvu qu'elle ait lieu en temps opportun, ou lorsqu'elle a une juste cause, comme, par exemple, un dérangement dans les affaires du commettant, ou l'inexécution de ses obligations ; 3ᵒ par la mort, l'interdiction, la faillite ou déconfiture, soit du commettant, soit du commissionnaire ; 4ᵒ par l'accomplissement de la négociation.

PREMIÈRE QUESTION.

On demande quels éléments sont de l'essence du contrat de commission ?

Rép. — L'essence du contrat de commission consiste en ce que le commissionnaire contracte en son propre nom pour le compte de son commettant et s'oblige lui-même envers les tiers.

DEUXIÈME QUESTION.

On demande s'il est nécessaire, pour qu'il y ait commission, que le commettant soit commerçant ?

Rép. — Non. Pas plus qu'il n'est nécessaire que la personne qui se charge de la commission exerce la profession de commissionnaire.

TROISIÈME QUESTION.

On demande si, pour que le privilège existe au profit du commissionnaire, il ne faut pas que le commettant demeure dans un autre lieu que le commissionnaire ?

Rép. — Non. Il suffit seulement que les marchandises aient été expédiées d'un autre lieu.

DROIT ADMINISTRATIF.

Tout ce qui existe est soumis à des lois dont l'accomplissement est la condition de son développement. La société, être collectif, a aussi ses lois : s'y elle s'y conforme, elle se développe, grandit et prospère : si elle s'en écarte, la confusion succède à l'ordre, et alors elle tombe en destruction et s'ensevelit sous ses propres ruines.

L'existence de toute société implique celle d'un pouvoir établi ; il faut même ajouter que c'est la constitution du gouvernement qui est la cause d'existence de la société, puisqu'il en est l'âme, la tête et la direction. Et comme c'est l'âme qui prédétermine en nous les mouvements du corps, de même, c'est le gouvernement qui prédétermine l'action de la société qui ne vit et ne se meut que par lui. L'action gouvernementale est tripartite, attendu qu'elle peut être, ou créatrice, ou conservatrice, ou décisoire ; dans ce dernier cas, elle est toujours attributive ou constative d'un droit. De là, la triple division du pouvoir : créateur ou législatif ; conservateur ou exécutif ; décisif ou judiciaire.

Néanmoins, bien que chacun de ces trois pouvoirs ait respectivement son action propre et ses fonctions distinctes, ils se confondent dans leur résultat, attendu qu'ils concourent au même but qui est le maintien de l'ordre dans la société.

Ainsi, le pouvoir législatif remplit sa mission en dotant la société des lois que réclament sa conservation et son développement ; le pouvoir exécutif en les faisant observer et exécuter ; et le pouvoir judiciaire en sauvegardant par ses décisions les droits de chacun.

Je n'ai à m'occuper ici que du pouvoir exécutif qui doit être envi-
sagé sous un double point de vue, en tant qu'il gouverne ou en tant
qu'il administre. Il fait acte de gouvernement, quand, usant de l'ini-
tiative qui est inhérente à ses attributions, il agit, soit pour décréter,
soit pour arrêter des mesures à prendre en vue de l'intérêt général et
de l'ordre public. Il fait seulement acte d'administration, quand son
action est provoquée par la survenance d'un événement sur lequel
l'administration doit statuer préalablement à toute décision, laquelle
ne sera prise qu'ultérieurement; ou bien encore, lors de la conception
d'un projet par un individu ou par plusieurs agissant collectivement
et dont la réalisation a besoin de la sanction de l'administration. Sous
ce double rapport, l'administration touche des intérêts et peut même
blesser des droits. Cette lésion ouvrira un recours contentieux à ceux
dont les droits seront sacrifiés.

L'autorité administrative est ou centrale, ou départementale, ou
municipale. Chacune de ces trois autorités, suivant la nature de
l'action qu'elle exerce, fait acte de gouvernement ou simplement
d'administration. Quand elle fait acte d'administration, sa juridiction
est purement gracieuse; et si elle a agi dans la limite du pouvoir qui
lui a été départi, soit par une loi préexistante, soit par un règlement
spécial et antérieur ayant force de loi, l'acte qu'elle a consenti, sera
à l'abri de tout contrôle, attendu qu'en matière gracieuse, il n'y a pas
de degrés d'instance, puisque les attributions de chaque branche de
l'administration ont, d'avance, été déterminées par une loi ou par un
règlement d'administration publique. Par la même raison, il ne peut
pas résulter de chose jugée des actes simplement préparatoires éma-
nant d'une autorité administrative inférieure, et les droits ne seront
complètement acquis qu'au moment où cette juridiction sera épuisée.

Le pouvoir central est à son apogée quand il est exercé par le
chef de l'Etat, soit seul, soit avec l'assistance du Conseil d'Etat.

Le Conseil d'Etat, dont la juridiction est toute en délibération, et
dont l'intervention n'est requise que pour les hautes mesures d'intérêt général, satisfait à sa mission gracieuse de deux manières. Divisé

en autant de réunions partielles qu'il y a de ministères, chaque comité aide de ses lumières le ministre du département auquel il est attaché, et prépare les arrêts qui ressortissent de ce ministère. En assemblée générale, le Conseil d'Etat prépare les projets d'ordonnances, dans les affaires qui ne peuvent recevoir une solution définitive que par ordonnance impériale, rendue en Conseil d'Etat ou dans la forme d'un règlement d'administration publique.

Ainsi, sont soumises préalablement à sa délibération : les autorisations des établissements d'aliénés et les obligations auxquelles ils sont soumis; les classifications d'ateliers insalubres; les autorisations des emprunts contractés par les communes ayant moins de 100,000 fr. de revenu; la mesure de responsabilité des receveurs municipaux; les mesures nécessaires à l'exécution des lois sur les boissons; l'autorisation au préfet de plaider au nom du département; l'autorisation d'accepter ou de refuser n'importe leur nature, des dons et legs faits à tout établissement d'utilité publique; les concessions de moulins et usines sur les cours d'eau navigables ou non navigables; enfin, et règle générale, la délibération du Conseil d'Etat doit intervenir toutes les fois qu'il s'agit d'un établissement à la création duquel, ou d'une mesure au mode d'exécution de laquelle toute la société, ou du moins toute une section de la société est intéressée.

Cette Thèse sera soutenue, dans l'une des salles de la Faculté, en séance publique, le   janvier 1859.

Vu par le Président de la Thèse,

DUFOUR.

IMP. LAMARQUE ET RIVES.